Photo Mommy Book

My Pregnancy diary from pregnancy to
the labor for 280 days with photos.

사진으로 기록하는 280일간의 임신 일기, **포토 마미북**

Photo Mommy Book   My Pregnancy diary from pregnancy to the labor for 280 days with photos

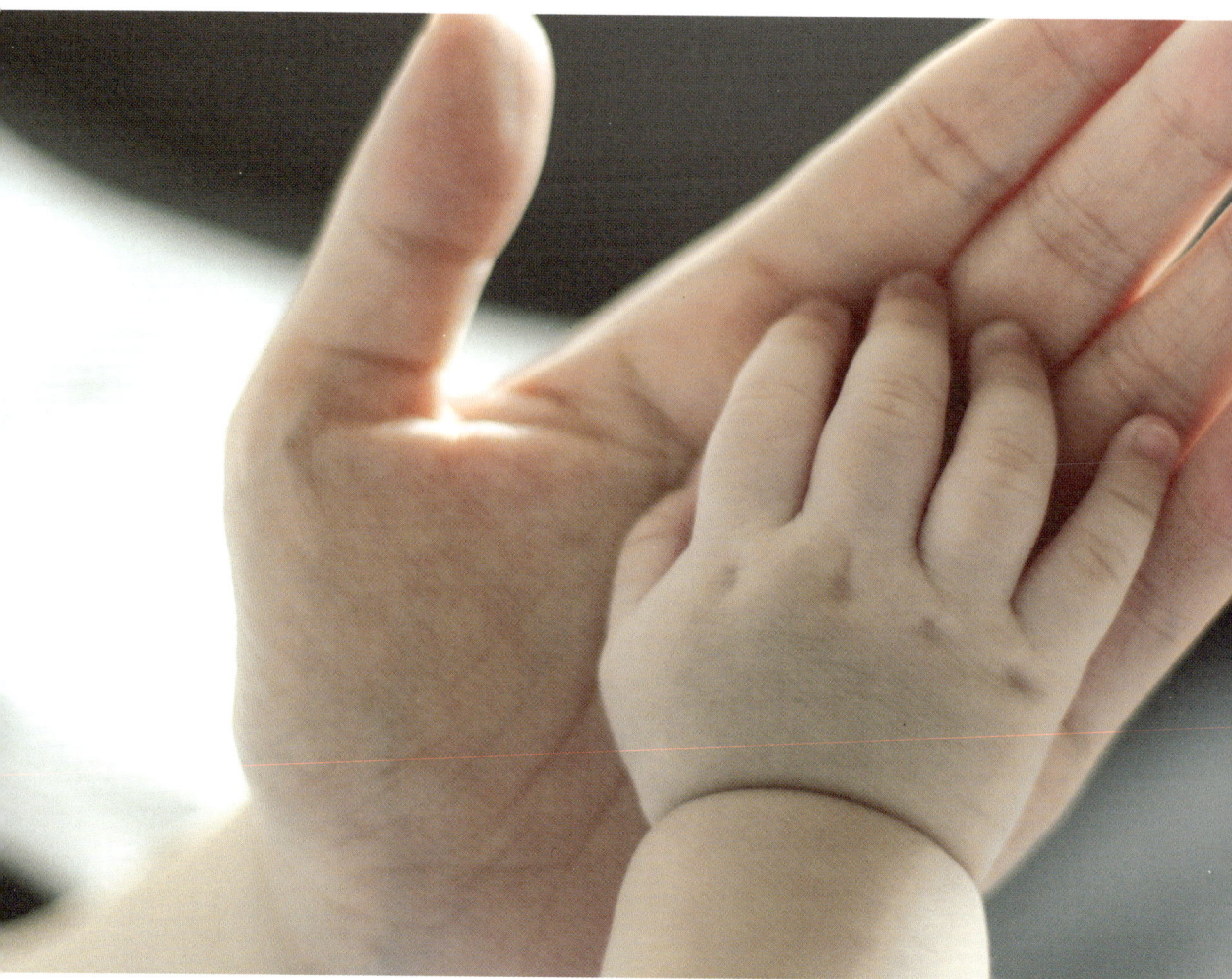

응애 응애 꽃보다 아름답고 별보다 반짝이는 우리 아기가 태어났어요

엄마가 되었다는 것…… 날 닮은 네가 태어났다는 것…… 세상에서 가장 소중한 보물이 생겼다는 것…… 엄마라는 감정이 어떤 것인지 알게 되었다는 것…… 이 모든 것이 엄마는 기적처럼 느껴진단다. 엄마는 지금까지 느껴본 적 없는 감동과 기쁨을 느꼈단다. 엄마의 이런 마음을 네가 이해할 수 있을까?

우리 아기 첫 사진을 붙여주세요.
First photo taken after my baby was born.

우리 아가를 보며
엄마 아빠 닮은 곳이 어디어디 숨어 있나

숨/은/그/림/찾/기

우리 아기는 엄마 아빠 중에 누구를 닮았나?

엄마 아빠, 아기가 함께 찍은 사진 등을 붙여주세요.
First photo taken with mom, dad and baby.

아가의 숨소리를 들으며 젖을 물리는 기쁨
너에게 나를 주는 이 뿌·듯·함.

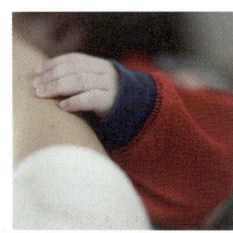

우리 아기에게 처음으로 젖을 물렸어요

작고 약해 보이지만 엄마 젖을 힘차게 빠는 너를 보니 엄마는 네가 강한 아이라는 걸 느낄 수 있어.
아직 엄마도 너도 초보라 서로 힘이 들지만 이제 곧 익숙해질 거야.
엄마 젖 많이 먹고 건강하고 밝게 자라주길 엄마는 항상 기도한단다.

젖을 먹고 있는 모습이나 젖병을 물고 있는 사진을 붙여주세요.
Photo of first nursing to my baby.

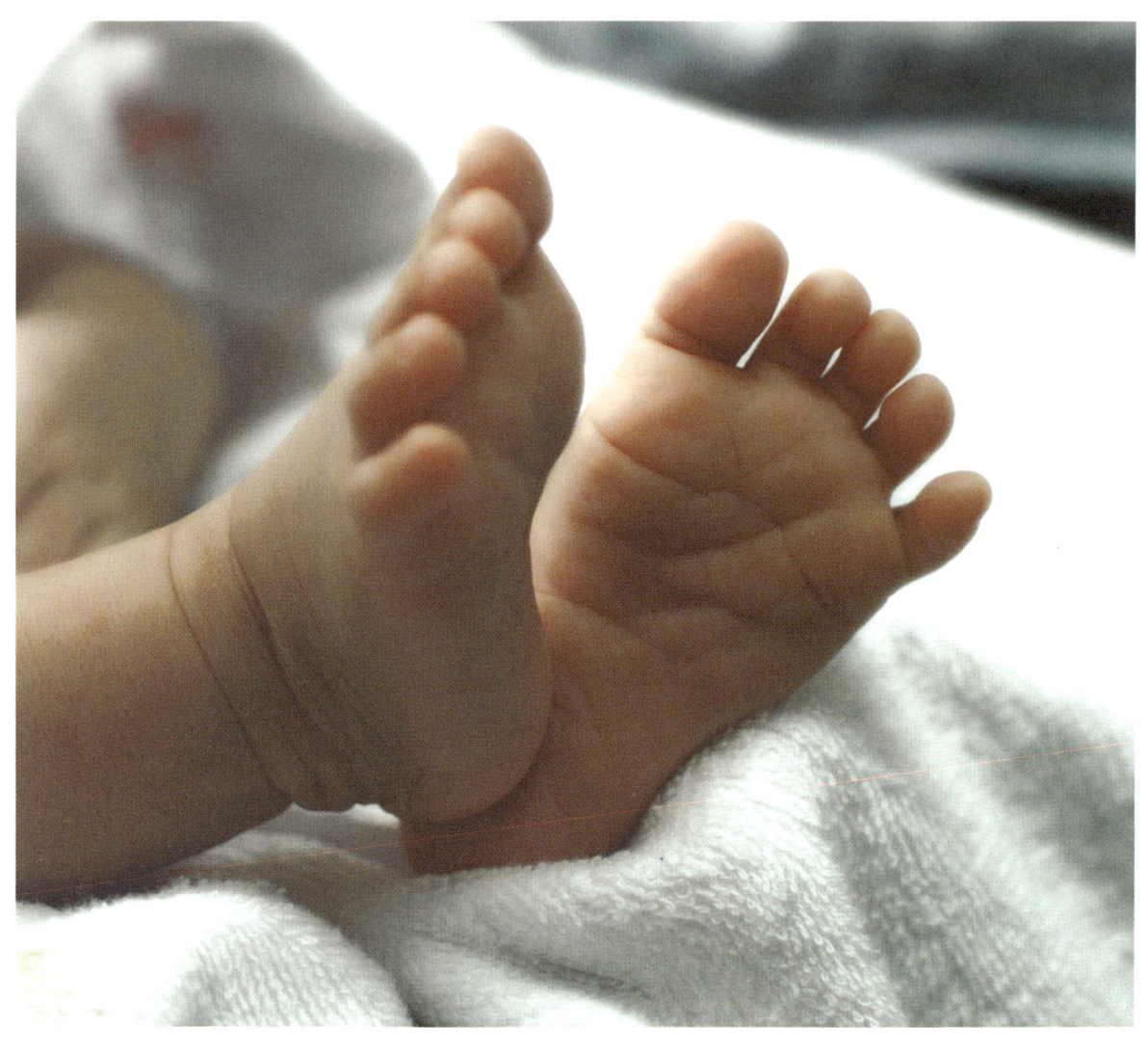

그 손으로 이렇게 큰 사랑을 주어요.
그 발로 우리에게 큰 걸음을 주어요.

우리 아가의 손과 발……

우리 아기의 고사리 같은 손과 발

너의 작고 귀여운 손에 엄마 손가락을 가만히 대면 어느덧 네가 엄마 손가락을 꽉 쥐고 놓지 않았단다.
너무너무 앙증맞은 너의 손가락과 발가락…… 그 모습이 너무 신기하고 사랑스러웠어.

손 도장, 발 도장 또는 사진을 붙여주세요.
Photo of my baby's hands and feet.

천사 같은 우리 아기의 날개

순.백.배.냇.저.고.리.

배냇저고리가 너무 잘 어울려!

우리 아기 나중에 커서 패션 모델 되는 거 아니야? 처음 입은 배냇저고리가 이렇게 잘 어울리다니.
엄마는 지금껏 이렇게 예쁘고 멋진 아기 모델은 처음 봤어. 누가 뭐라고 해도 엄마 아빠에게는 세상 누구보다 우리 아기가
제일 예쁘고 멋지단다.

배냇저고리를 입은 모습의 사진을 붙여주세요.
Photo of my baby wearing first clothes.

너의 이름이 우리의 우주 같아-
너에게서 늘 반짝이는 엄마 아빠-

우리 아기 이름을 지었어요

엄마 아빠가 우리 아기 이름 짓느라 얼마나 고민을 했는지 몰라.
이름은 엄마 아빠가 너에게 주는 최초의 선물이자 너를 평생 불러주고, 너를 기억하게 해주는 것이니까.
네가 마음에 들어 했으면 좋겠다. 너의 이름에는 이런 뜻이 담겨 있단다.

우리 아기 이름 : _____

이름에 담긴 뜻을 이야기해주세요. 그리고 이름의 후보작들도 이야기해주세요. 나중에 아기가 커서 본다면 재미있어할 거예요.
Describe the meaning of baby's name.

외워야 할 게 하나 더 늘었어
우리 아가의 〈주민등록번호〉
주민등록번호마저 사랑스러워.

우리 아기 주민번호

주민번호-

이 번호는 네가 대한민국 국민이 되었다는 증거란다.
이 세상의 많은 나라 중에 대한민국 국민이 된 것을, 그리고 엄마 아빠의 소중한 보물이 된 것을 환영해!

출생신고 후 등본에 찍힌 아기 주민번호 사진을 붙이거나 등본을 붙여도 좋아요.
Photo of baby's resident registration number.

네 얼굴의 평-화, 네 숨소리의 따-뜻-함,
너를 보며 꿈꾸는 엄마의 시간

쿨쿨, 하루온종일 잠만 자는 아기 천사

쿨~쿨~ 두 눈을 꼭 감은 채 오늘도 잠만 자는 우리 아기.
엄마는 그런 너를 살짝살짝 만져보곤 해. 언제쯤 엄마와 눈을 맞춰줄지…… 언제쯤 웃어줄지…… 언제쯤 엄마라고 불러줄지……
엄마는 벌써 궁금해. 이렇게 잠자는 천사를 보면서 엄마는 이런 생각들로 행복했단다.

우리 아가의 졸고 있는 모습이나 천사처럼 잠든 모습을 붙여주세요.
Photo of baby sleeping.

우리 아가의 보드라운 살결, 우리 아가 뽀득뽀득 씻는 소리

마음에 퐁.퐁. 솟.는. 행.복.

뽀글뽀글, 퐁퐁퐁 우리 아기의 즐거운 목욕 시간

보드라운 살결, 방울방울 비누거품, 참방참방 물놀이…… 너와의 목욕 시간이 엄마의 하루 중 가장 행복한 때란다.
네 몸 구석구석, 어느 한 군데라도 사랑하지 않는 곳이 없어.

우리 아가가 목욕하는 귀여운 모습을 붙여주세요.
Photo of baby taking a bath.

내가 너의 엄마라서, 내가 너의 아빠라서,
그것만으로 이미 행복은 시작되었어.

우리 아기에게 약속할게

- 이런 엄마가 되어줄게.

- 이런 아빠가 되어줄게.

너로부터 시작된 경.이.로.운. 역.사.

네가 태어난 _____ 년도에는 이런 일들이 있었단다.

아기가 태어났던 해의 역사적 기록을 적거나 스크랩해주세요. 아기가 커서 이 기록을 본다면 재미있어할 거예요.
Things happened in the year of baby's birth.

난, 네게 반했어.
난, 네게 반했어.

사랑한다 사랑한다 사랑한다 03
사랑한다 우리 아가, 너의 머리끝부터 발끝까지 모두 사랑해

모두가 잠들어도 잠들지 않은 사랑 하나가
반짝이며 너의 곁에 있단다.

엄마 아빠의 합쳐진 사랑 하나가……

you are the reason I am
사랑해, 천사처럼 잠든 너를 사랑해……

예쁘게 잠든 모습. 재미있는 포즈로 잠든 모습. 아가의 잠자는 모습들을 모아 붙여주세요.
Photo of my baby sleeping in various positions.

"난 네게 반했어- 난 네게 반했어-!"

you are the reason I am

사랑해, 사랑스러운 미소를 가진 너를 사랑해……

아가의 웃는 모습들을 모아서 붙여주세요.
My baby's lovely smile photo.

하루온종일 생각해도 하루온종일 모자란
우.리. 아.가.의. 시.간.들.

you are the reason I am
사랑해, 너의 우는 모습도 사랑해……

아가의 우는 모습, 찡그린 모습들을 모아서 붙여주세요.
Photo of my baby's crying, grimacing face.

네 입속에선 모든 게-
달콤한 맛을 주나 봐-

　달콤한 우리 아가의 세상.

you are the reason I am

사랑해, 너의 젖 먹는 모습도 사랑해……

젖을 먹는 모습, 우유를 먹는 모습들을 모아 붙여주세요.
Photo of my baby when he/she was breast-fed.

엄마의 첫사랑 아빠가
우리 아가에게 반했어도
엄마는 그래서 아빠를 더 사랑하게 된단다.

you are the reason I am

**사랑해, 아빠에게 안겨 있는 너와 아빠,
모두를 사랑해……**

아기를 안고 있는 아빠의 모습을 붙여주세요.
Photo of dad holding a baby.

세상에 한 번밖에 없는
이 모든 순간들을
우리 아가와 함께 보내는
영광과 기쁨

you are the reason I am

**사랑해, 엄마에게 안겨 있는 너와 엄마,
모두를 사랑해……**

아가를 안고 있는 엄마의 모습을 붙여주세요.
Photo of mom holding a baby.

EVERY DAY ・ LOVE ・ BIRHTDAY!

you are the reason I am
사랑해, 우리 가족이 된 너를 사랑해……

엄마, 아빠, 아기가 함께 찍은 사진을 붙여주세요.
Family photo taken with mom, dad and baby together.

POSTCARD

이제는 커버린 나의 아가……
너의 작은 손을 처음 잡았던 그날부터 지금까지
한순간도 사랑하지 않은 날이 없었어.
너를 만나 엄마 아빠가 얼마나 행복했는지
이 기록들로 전해질 수 있다면 얼마나 좋을까.
나의 영원한 아가,
말로 다 할 수 없을 만큼 너를 사랑한다.
지금 그리고 영원히…….

you are the reason I am

**커서 이 책을 보게 될 사랑하는 나의 _____에게
보내는 러브레터……**

A love letter to be sent to my lovely baby who will read this book when you grow up.

사진으로 기록하는 280일간의 임신일기, 포토 마미북 : 임신부터 출산까지

사진·글 | 김효정 (밤삼킨별) **펴낸이** | 김종길
펴낸곳 | 인디고 **출판등록** | 제7-312호 **주소** | 서울특별시 마포구 양화로 12길 8-6 (서교동) 대륭빌딩 4층 **전화** | 02-998-7030 (대표) **팩스** | 02-998-7924
이메일 | bookmaster@geuldam.com **개정2판 1쇄 인쇄** | 2012년 6월 15일 **개정2판 7쇄 발행** | 2015년 9월 10일

ISBN 978-89-92632-55-3 13810
www.indigostory.co.kr